未来

谷川俊太郎

JN161319

未来 ──

百三歳になったアトム
にじ
今年
合唱
いざない
Wedding day
平和
年頭の誓い
さようなら
墓
生まれたよ　ぼく
さようなら

他に書下し作品２編収録
リフィルのうた　六穴のうた

poem piece
Published by poem-piece

詩を持ち歩こう　ポエムピースシリーズ PP16ST-04
リフィル 16 枚・ポストカードリフィル２枚（専用バインダー別売）
システム手帳〈聖書サイズ・6 穴〉のリフィルとして使用できます。

リフィルのうた

うすら寒ければ重ね着します
もう一杯飲みたければ注ぎ足します
なんだか物足りない感じなら
足りないのは他でもないあなた自身
読むだけで足りなければ
見るだけで不満足なら
自分で何かをリフィルしてみる
それがこのポエムピースのスピリット
足して引いて並べ替えてまた変えて
編集の醍醐味をリフィルで知ると
いつかカケラがぴったりはまり
あなただけのパズルの出来上がり！

谷川俊太郎

六穴のうた

一番穴はのぞき穴
のぞけば未来が見えてくる
二番穴は抜け穴だ
抜ければ地平を超えられる
三番穴は落とし穴
這い上がるのに苦労する
四番穴は針の穴
糸を通して傷を縫う
五番穴はブラックホール
墨の光も捕まえる
六番穴は風穴だ
春風秋風吹き抜ける

Shuntaro T.

poem piece
定形外です

Post Card

未来

谷川俊太郎

poem piece

ポエムピース

◆このパッケージにおさめられている作品

百三歳になったアトム
にじ
今年
合唱
いざない
Wedding day
平和
年頭の誓い
さようなら
墓
生まれたよ　ぼく
さようなら

百三歳になったアトム

人里離れた湖の岸辺でアトムは夕日を見ている
百三歳になったが顔は生れたときのままだ
鴉の群れがねぐらへ帰って行く

もう何度自分に問いかけたことだろう
ぼくには魂ってものがあるんだろうか
人並み以上の知性があるとしても
寅さんにだって負けないくらいの情があるとしても

いつだったかピーターパンに会ったとき言われた
きみおちんちんないんだって？
それって魂みたいなもの？
と問い返したらピーターは大笑いしたっけ

どこからかあの懐かしい主題歌が響いてくる
夕日ってきれいだなあとアトムは思う
だが気持ちはそれ以上どこへも行かない

ちょっとしたプログラムのバグなんだ多分
そう考えてアトムは両足のロケットを噴射して
夕日のかなたへと飛び立って行く

──『夜のミッキー・マウス』

にじ

わたしは　めをつむる
なのに　あめのおとがする
わたしは　みみをふさぐ
なのに　ばらがにおう

わたしは　いきをとめる
なのに　ときはすぎてゆく
わたしは　じっとうごかない
なのに　ちきゅうはまわってる

わたしが　いなくなっても
もうひとりのこが　あそんでる
わたしが　いなくなっても
きっと　そらににじがたつ

――『いちねんせい』

今年

涙があるだろう
今年も
涙ながらの歌があるだろう
固めたこぶしがあるだろう
大笑いがあるだろう今年も
あくびをするだろう
今年も
短い旅に出るだろう
そして帰ってくるだろう
農夫は野に
数学者は書斎に
眠れぬ夜があるだろう
だが愛するだろう
今年も
自分より小さなものを
自分を超えて大きなものを

くだらぬことに喜ぶだろう

今年も

ささやかな幸せがあり

それは大きな不幸を

忘れさせることはできぬだろう

けれど娘は背が伸びるだろう

そして樹も

御飯のおいしい日があるだろう

新しい靴を一足買うだろう

決心はにぶるだろう今年も

しかし去年とちがうだろうほんの少し

今年は

地平は遠く果てないだろう

宇宙へと大きなロケットはのぼり

子等は駈けてゆくだろう

今年も歓びがあるだろう

生きてゆくかぎり

いなむことのできぬ希望が

——『祈らなくていいのか』

合唱

遠くの国で物のこわれる音がして
幾千万のちりぢりの会話が
終日僕を苦しめる

多忙な時間
非情な空間

机の上の英和辞典に
何かしれぬ憤りを覚えながら
僕は地球の柔らかい丸味を
実感したいとおもっていた

その午後
未来は簡単な数式で予言されそうだった

そしてその午後
合唱という言葉が妙に僕を魅惑した

──『十八歳／50.4.21』

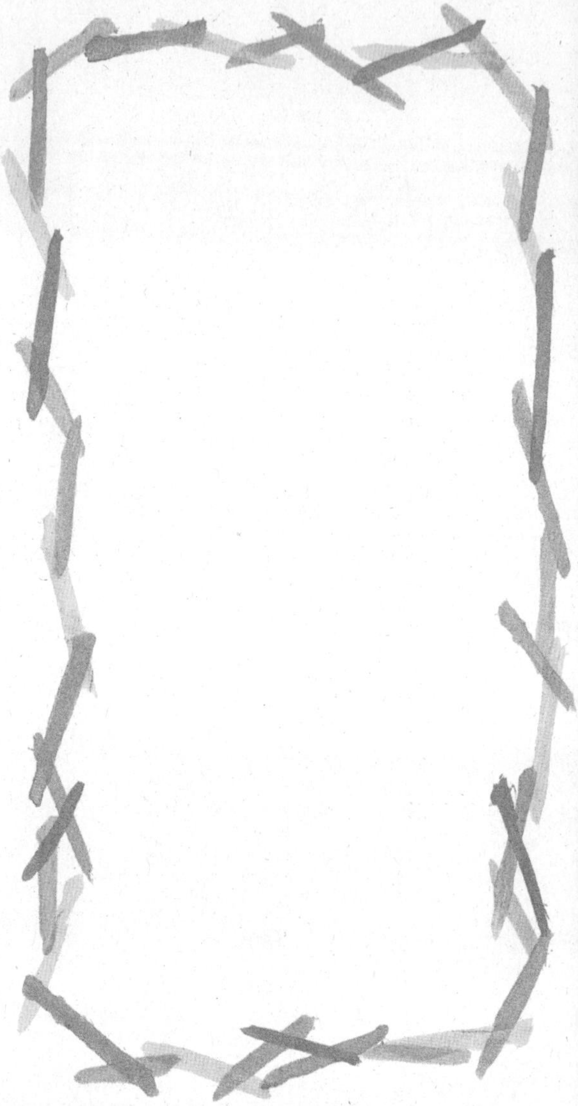

いざない

私が思い出すのは単純な喜びだ
手製のライトプレーンが
初めて校舎の屋根を越えた日の
あの青空の手ざわりだ
はりつめた雁皮紙《がんぴし》の翼を支えた
目に見えぬ大気の輝きだ

私が思い出すのは単純な畏《おそ》れ
堕ちてゆくイカルスの若々しい体を
残酷な優しさで抱きとろうとする
母なる地球の愛の重力
草原に横たわる宇宙飛行士の
みひらかれた瞳にうつる空の深さ

一羽のかもめの無垢の優雅に
はるかに遠く及ばぬままに
人間は重い金属のかたまりを
いつかおそれ気もなく高くなげうつ
みずからの火に盲《めし》い
みずからの音に耳をおおって

しかもなお私が思い出すのは単純な憧れだ
この地上に足を踏みしめた
すべての子どもらの心をとらえる
まばゆい青　その解き難い色の謎
さらにそれを超えた
未知の闇の彼方にまばたくものの
いざないだ

──『空に小鳥がいなくなった日』

Wedding day

離れてゆくのではありません
お母さん
わたしは近づいてゆくのです
あなたのやさしさに
あなたのゆたかさに
そうして
あなたの――かなしみに
わたしたちのわかちあうのは
なんという大きな秘密
なんという深い知恵

＊

愛しています――
それは熟れた果物のように
唇からおちてくることば
わたしは知っている
今日　わたしは美しいと

永遠――
それはもうふたりには
遠すぎて要らぬことば
わたしは約束する
明日もわたしは美しいと

しじまはほほえみ
神々さえ嫉妬する
わたしたちの日々よ！

―『祈らなくていいのか』

平和

平和
それは空気のように
あたりまえなものだ
それを願う必要はない
ただそれを呼吸していればいい

平和
それは今日のように
退屈なものだ
それを歌う必要はない
ただそれに耐えればいい

平和
それは散文のように
素気ないものだ
それを祈ることはできない
祈るべき神がいないから

平和
それは花ではなく
花を育てる土
平和
それは歌ではなく
生きた唇

平和
それは旗ではなく
汚れた下着
平和
それは絵ではなく
古い額縁

平和を踏んづけ
平和を使いこなし
手に入れねばならぬ希望がある
平和と戦い
平和にうち勝って
手に入れねばならぬ喜びがある

──『うつむく青年』

年頭の誓い

禁酒禁煙せぬことを誓う
いやなヤツには悪口雑言を浴びせ
きれいな女にはふり返ることを誓う
笑うべき時に大口あけて笑うことを誓う
夕焼はぽかんと眺め
人だかりあればのぞきこみ
美談は泣きながら疑うことを誓う
天下国家を空論せぬこと
上手な詩を書くこと
アンケートには答えぬことを誓う
二台目のテレビを買わぬと誓う
宇宙船に乗りたがらぬと誓う
誓いを破って悔いぬことを誓う
よってくだんのごとし

——『谷川俊太郎詩集／角川文庫』

さようなら

私の肝臓さんよ　さようならだ
腎臓さん膵臓さんともお別れだ
私はこれから死ぬところだが
かたわらに誰もいないから
君らに挨拶する

長きにわたって私のために働いてくれたが
これでもう君らは自由だ
どこへなりと立ち去るがいい
君らと別れて私もすっかり身軽になる
魂だけのすっぴんだ

心臓さんよ　どきどきはらはら迷惑かけたな
脳髄さんよ　よしないことを考えさせた
目耳口にもちんちんさんにも苦労をかけた
みんなみんな悪く思うな
君らあっての私だったのだから

とは言うものの君ら抜きの未来は明るい
もう私は私に未練がないから
迷わずに私を忘れて
泥に溶けよう空に消えよう
言葉なきものたちの仲間になろう

—『私』

墓

汗びっしょりになって斜面を上った
草の匂いに息がつまった
そこにその無骨な岩はあった
私たちは岩に腰かけて海を見た
やがて私たちは岩を冠に愛しあうだろう
土のからだで　泥の目で　水の舌で

──『女に』

生まれたよ　ぼく

生まれたよ　ぼく
やっとここにやってきた
まだ眼は開いてないけど
まだ耳も聞こえないけど
ぼくは知ってる
ここがどんなにすばらしいところか
だから邪魔しないでください
ぼくが笑うのを　ぼくが泣くのを
ぼくが誰かを好きになるのを
ぼくが幸せになるのを

いつかぼくが
ここから出て行くときのために
いまからぼくは遺言する
山はいつまでも高くそびえていてほしい
海はいつまでも深くたたえていてほしい
空はいつまでも青く澄んでいてほしい
そして人はここにやってきた日のことを
忘れずにいてほしい

―『子どもたちの遺言』

定形外です

Post Card

さようなら

ぼくもういかなきゃなんない
すぐいかなきゃなんない
どこへいくのかわからないけど
さくらなみきのしたをとおって
おおどおりをしんごうでわたって
いつもながめてるやまをめじるしに
ひとりでいかなきゃなんない
どうしてなのかしらないけど
おかあさんごめんなさい
おとうさんにやさしくしてあげて
ぼくすききらいいわずになんでもたべる
ほんもいまよりたくさんよむとおもう
よるになったらほしをみる
ひるはいろんなひととはなしをする
そしてきっといちばんすきなものをみつける
みつけたらたいせつにしてしぬまでいきる
だからとおくにいてもさびしくないよ
ぼくもういかなきゃなんない

——『はだか』

定形外です

Post Card

谷川俊太郎　未来
ポエムピースシリーズ PP16ST-04

2016年12月15日発行　著者 / 谷川俊太郎
選・編集 / 古川奈央　デザイン / 堀川さゆり　発行 / ポエムピース
 ISBN978-4-908827-15-0 C0495

「ポエムピース」シリーズは、ポエムピースから。
システム手帳のリフィル型詩集シリーズ「ポエムピース」は
自分で好きな詩を選んで、好きな順番に編集できる詩集シリーズ。
バイブルサイズ6穴のリフィルに詩が印刷されており、
好きな詩だけを好きな順序に並べて楽しめます。
フリーメモやポストカードとして使えるピースも収録。
専用バインダーもラインナップしました。
今後、様々なテーマの詩集を発売してゆきます！
挿絵やシールなどのリフィルも発売予定。
「自分だけのコレクション」を、ぜひお楽しみください！

詩のある出版社
ポエムピース株式会社

poem piece

9784908827150

1920495006907

ISBN978-4-908827-15-0
C0495 ￥690E
定価　本体690円＋税
発行　ポエムピース